Pe. DORIVAL APARECIDO DE MORAES

A BÍBLIA
DO DÍZIMO

Editora
SANTUÁRIO

Dados Internacionais de Catalogação na Publicação (CIP)
(Câmara Brasileira do Livro, SP, Brasil)

Moraes, Dorival Aparecido de
  A Bíblia do dízimo / Dorival Aparecido de Moraes.— Aparecida, SP: Editora Santuário, 2000. — (Catequese do dízimo)
  ISBN 85-7200-670-2

  1. Bíblia - Crítica e interpretação 2. Dízimo - Ensino bíblico I. Título. II. Série.

00-0550   CDD-248.6

Índices para catálogo sistemático:
  1. Dízimo: Serviço de Deus: Ensino bíblico:
           Cristianismo 248.6

Capa: Bruno Olivoto
Ilustrações de miolo: Francisco Rocha

10ª impressão

Todos os direitos reservados à **EDITORA SANTUÁRIO** – 2019

Rua Pe. Claro Monteiro, 342 – 12570-000 – Aparecida-SP
Tel.: 12 3104-2000 – Televendas: 0800 16 00 04
www.editorasantuario.com.br
vendas@editorasantuario.com.br

Apresentando

Dízimo é questão de fé. Quem tem fé oferece ao Senhor Deus o dízimo, que já é de Deus. De fato, tudo o que somos e temos é presente de Deus. Tudo o que ganhamos, nós o ganhamos com a vida que Deus nos deu, com a saúde, inteligência, capacidades, mãos, tudo dom de Deus.

Quem tem fé reconhece isso e, com a maior naturalidade do mundo, oferece ao Senhor Deus alguma coisa daquilo que recebeu do bom Pai do céu, não para barganhar alguma coisa, mas como sinal de amor, de gratidão: é o dízimo.

Esta obra do Pe. Dorival é um esforço de catequese, para educar na fé. Que o Espírito Santo ilumine e toque o coração de todos os que manusearam estas páginas, despertando-os para a responsabilidade de verdadeiros filhos de Deus, que se abrem para o Pai na gratidão, na fé, no dízimo. Abençoando.

Dom Paulo A. M. Roxo, OPraem,
bispo emérito de Mogi das Cruzes

Oração do Dizimista

Senhor meu Deus,
recebe a minha oferta!!
Não te quero dar esmola,
porque sei que não és mendigo.
Não uma pura e
simples contribuição
porque com certeza
não precisas disso.
Não é o resto que me está sobrando,
que te estou oferecendo.
Esta importância,
Senhor Deus, representa:
O meu reconhecimento,
Meu Amor,
A minha Gratidão,
Pois acredito que, se tenho,
é porque recebi de vós.
Amém.

Apresentação da 9ª edição

Tenho a alegria de apresentar e recomendar a obra do Pe. Dorival Aparecido de Moraes, sacerdote diocesano, pároco do Santuário Sagrado Coração de Jesus, em Mogi das Cruzes.

O dízimo é o reconhecimento da gratidão a Deus que cumula seus filhos de inúmeros benefícios. Deus, o Criador e Senhor de tudo, pede que uma parte do que o ser humano produz seja reservada a Ele. Já no Antigo Testamento, lemos que o Patriarca Abraão deu o dízimo ao sacerdote Melquisedec (Gn 14,17-24), figura de Jesus Cristo (Hb 7).

Posteriormente, o próprio Deus ordenou que a décima parte de tudo que fosse produzido – trigo, vinho, óleo e os primogênitos do rebanho – fosse reservada para a manutenção do Santuário e a subsistência dos sacerdotes (Êx 25,1-9; Nm 18,26-28 e Dt 14,22-29).

Com efeito, o próprio Deus exortou seu povo a oferecer o dízimo a fim de que seu Templo em Jerusalém fosse dignamente ornado e mantido; e para atrair copiosas bênçãos: "abro as comportas do Céu e derramo sobre vós minhas bênçãos de fartura" (cf. Ml 3,10ss).

No Novo Testamento, vemos o próprio Jesus elogiar a pobre viúva que ofertou seu dízimo em valor superior aos demais; pois estes, segundo

Jesus, deram do que sobrava, enquanto ela depositou tudo o que tinha para viver (Lc 21,1-4).

Seja o Dízimo oferecido com alegria, como gesto de partilha e oração. Gesto de mãos abertas que generosamente doam para suprir as necessidades materiais da Santa Igreja, a manutenção dos ministros sagrados, a formação dos futuros padres e a prática da caridade para com os pobres da comunidade. O bem-aventurado Papa Paulo VI afirma: "Quem ajuda materialmente na evangelização tem os mesmos méritos que o evangelizador".

Foi a partir do fundamento bíblico que Pe. Dorival se debruçou para oferecer esta preciosa reflexão, que será de grande auxílio para a missão evangelizadora da Igreja. Escreve também a partir da sua vasta experiência pastoral, ministerial e espiritual, acumulada nos trinta anos de sacerdócio que acaba de completar.

Ao Pe. Dorival votos de congratulações e sinceros agradecimentos. Por intercessão de Nossa Senhora da Rosa Mística, Deus continue abençoando sua vida e seu sacerdócio, vividos com determinação e entusiasmo.

Dom Pedro Luiz Stringhini
bispo diocesano
Mogi das Cruzes, 28 de agosto de 2015
Festa de Santo Agostinho,
bispo e doutor da Igreja

O que diz o Antigo Testamento sobre o Dízimo

A criação - No princípio Deus criou o céu e a terra

Gênesis 1,3-2,4

Deus disse: "Faça-se a luz"! E a luz se fez. Deus viu que a luz era boa. Deus separou a luz das trevas. E à luz Deus chamou "dia", às trevas chamou "noite". Fez-se tarde e veio a manhã: o primeiro dia.

Deus disse: "Faça-se um firmamento entre as águas, separando umas das outras". E Deus fez o firmamento. Separou as águas que estavam debaixo do firmamento das águas que estavam por cima do firmamento. E assim se fez. Ao firmamento Deus chamou "céu". Fez-se tarde e veio a manhã: o segundo dia.

Deus disse: "Juntem-se as águas que estão debaixo do céu num só lugar e apareça o solo firme". E assim se fez. Ao solo Deus chamou "terra" e ao ajuntamento das águas, "mar". E Deus viu que era bom.

Deus disse: "A terra faça brotar vegetação: plantas, que deem semente, e árvores frutíferas, que deem fruto sobre a terra, tendo em si a semente de sua espécie". E assim se fez. A terra produziu vegetação: plantas, que dão a semente de sua espécie, e árvores, que dão fruto com a semente de sua espécie. E Deus viu que era bom. Fez-se tarde e veio a manhã: o terceiro dia.

Deus disse: "Façam-se luzeiros no firmamento do céu para separar o dia da noite. Que sirvam de sinal para marcar as festas, os dias e os anos. E, como luzeiros no firmamento do céu, sirvam para iluminar a terra". E assim se fez. Deus fez os dois grandes luzeiros: o luzeiro maior para governar o dia e o luzeiro menor para governar a noite, e as estrelas. Deus os colocou no firmamento do céu para alumiar a terra, governar o dia e a noite e separar a luz das trevas. E Deus viu que era bom. Fez-se tarde e veio a manhã: o quarto dia.

Deus disse: "Fervilhem as águas de seres vivos e voem pássaros sobre a terra no espaço debaixo do firmamento". Deus criou os grandes monstros e todos os seres vivos, que nadam fervilhando nas águas, segundo as suas espécies, e todas as aves, segundo suas espécies. E Deus viu que era bom. Deus os abençoou, com as palavras: "Sede fecundos e multiplicai-vos e enchei as águas do mar e multipliquem-se as aves sobre a terra". Fez-se tarde e veio a manhã: o quinto dia.

Deus disse: "Produza a terra seres vivos segundo suas espécies, animais domésticos, répteis e animais selvagens, segundo suas espécies". E assim se fez. Deus fez os animais selvagens segundo suas espécies, os animais domésticos segundo suas espécies e todos os répteis do solo segundo suas espécies. E Deus viu que era bom.

Deus disse: "Façamos o homem à nossa imagem e segundo nossa semelhança, para que domine sobre os peixes do mar, as aves do céu, os animais domésticos e todos os animais selvagens e todos os répteis que se arrastam sobre a terra".

Deus criou o homem à sua imagem, à imagem de Deus o criou, macho e fêmea ele os criou.

E Deus os abençoou e lhes disse: "Sede fecundos e multiplicai-vos, enchei e subjugai a terra! Dominai sobre os peixes do mar, sobre as aves do céu e sobre tudo que vive e se move sobre a terra".

Deus disse: "Eis que vos dou toda erva de semente, que existe sobre toda a face da terra, e toda árvore que produz fruto com semente, para vos servirem de alimento. E a todos os animais da terra, a todas as aves do céu e a todos os seres vivos que rastejam sobre a terra, eu lhes dou todos os vegetais para alimento". E assim se fez. E Deus viu tudo quanto havia feito e achou que estava muito bom. Fez-se tarde e veio a manhã: o sexto dia.

E assim foram concluídos o céu e a terra com todo o seu aparato. No sétimo dia Deus considerou acabada toda a obra que havia feito e no sétimo dia descansou de toda a obra que fizera. Deus abençoou o sétimo dia e o santificou, porque neste dia Deus descansou de toda a obra da criação.

Esta é a história das origens do céu e da terra, quando foram criados.

A árvore reservada para Deus

Gênesis 2,8-9.15-17

Depois, o Senhor Deus plantou um jardim em Éden, ao oriente, e ali pôs o homem que havia formado. E o Senhor Deus fez brotar da terra toda sorte de árvores de aspecto atraente e saborosas ao paladar, a árvore da vida no meio do jardim e a árvore do conhecimento do bem e do mal.

O Senhor Deus tomou o homem e o colocou no jardim do Éden para o cultivar e guardar. O Senhor Deus deu ao homem uma ordem, dizendo: "Podes comer de todas as árvores do jardim. Mas da árvore do conhecimento do bem e do mal não deves comer, porque no dia em que o fizeres serás condenado a morrer".

Oferta de Abel

Gênesis 4,1-8

O homem conheceu Eva, a mulher, e ela concebeu e deu à luz Caim, dizendo: "Ganhei um homem com a ajuda do Senhor". Tornou a dar à luz e teve Abel, irmão de Caim. Abel tornou-se pastor e Caim, agricultor. Aconteceu, tempos depois, que Caim apresentou ao Senhor frutos da terra como oferta. Abel, por sua vez, ofereceu os primeiros cordeirinhos e a gordura das ovelhas. E o Senhor olhou para Abel e sua oferta, mas não deu atenção a Caim e sua oferta. Caim se enfureceu e ficou com o rosto abatido. O Senhor disse a Caim: "Por que estás enfurecido e andas com o rosto abatido? Não é verdade que, se fizeres o bem, andarás de cabeça erguida? Mas se não o fizeres, o pecado não estará à porta, espreitando-te, como um assaltante? Tu, porém, terás de dominá-lo".

Caim disse a Abel, o irmão: "Vamos para o campo!" Mas, quando estavam no campo, Caim agrediu o irmão Abel e o matou.

A oferta de Noé após o dilúvio

Gênesis 8,1.15-21

Então Deus se lembrou de Noé e de todos os seres vivos e animais, que estavam com ele na arca. Fez soprar um vento sobre a terra e as águas começaram a baixar.

Então Deus falou a Noé e lhe disse: "Sai da arca com tua mulher, teus filhos e as mulheres de teus filhos. Traze para fora também todas as espécies de seres vivos que estão contigo, aves, animais domésticos e répteis, para que se propaguem pela terra, sejam fecundos e se multipliquem sobre a terra". Saiu, pois, Noé da arca com os filhos, a mulher e as mulheres dos filhos. E saiu também todo ser vivo: animais domésticos, aves e répteis que se arrastam sobre a terra, segundo as espécies. Noé construiu um altar para o Senhor, tomou animais e aves de todas as espécies puras e ofereceu holocaustos sobre o altar. O Senhor aspirou o suave odor e disse consigo mesmo: "Nunca mais tornarei a amaldiçoar a terra por causa dos homens, pois a tendência do coração humano é má desde a infância. Nunca mais tornarei e exterminar todos os seres vivos como acabei de fazer".

A oferta de Abraão

Gênesis 14,17-24

Ao voltar depois da vitória contra Codorlaomor e os reis que com ele estavam, saiu-lhe ao encontro o rei de Sodoma no vale de Save, que é o vale do rei.

Melquisedec, rei de Salém, trouxe pão e vinho e, como sacerdote de Deus Altíssimo, abençoou Abrão, dizendo: "Bendito seja Abrão pelo Deus Altíssimo, Criador do céu e da terra. Bendito seja o Deus Altíssimo, que entregou os inimigos em tuas mãos".

E Abrão lhe deu o dízimo de tudo.

O rei de Sodoma disse para Abrão: "Entrega-me as pessoas e fica com os bens". Abrão, porém, respondeu ao rei de Sodoma: "Levanto minha mão para o Senhor, o Deus Altíssimo, Criador do céu e da terra, e juro: nem um fio nem uma correia de sandália nem coisa alguma tomarei do que é teu, para que não digas 'enriqueci Abrão'. Nada para mim! Apenas o que os guerreiros comeram e a parte dos homens que me acompanharam, Aner, Escol e Mambré: só eles receberão suas partes".

Jacó promete ofertas

Gênesis 28,20-22

Jacó fez um voto, dizendo: "Se Deus estiver comigo e me proteger nesta viagem, dando-me pão para comer e roupa para vestir, e se eu voltar são e salvo para a casa de meu pai, então o Senhor será meu Deus. Esta pedra que erigi em estela será transformada em casa de Deus e dar-te-ei o dízimo de tudo que me deres".

Primícias e primogênito

Êxodo 22,28-29

Não atrasarás a oferta de tua colheita e do teu lagar. Deverás dar-me o primogênito de teus filhos. O mesmo farás com o primogênito das vacas e das ovelhas: ficará sete dias com a mãe, e no oitavo tu o entregarás a mim.

Contribuições para o santuário

Êxodo 25,1-9

O Senhor falou a Moisés: "Dize aos israelitas que ajuntem ofertas para mim.

Recebereis a oferta de todos os que derem espontaneamente. Estas são as ofertas que recebereis: ouro, prata, bronze, tecidos de púrpura violácea, vermelha e carmesim, linho fino e crinas de cabra, peles de carneiro tintas de vermelho e peles de golfinho, madeira de acácia, azeite de lâmpada, bálsamo para o óleo de unção e para o incenso aromático, pedras de ônix e outras pedras de engaste para o efod e o peitoral. Eles me farão um santuário, e eu habitarei no meio deles. Fareis tudo conforme o modelo da morada e seus utensílios que vou te mostrar".

A parte de Deus

{ Levítico 27,30-33 }

Todo o dízimo do país tirado das sementes da terra e dos frutos das árvores pertence ao Senhor, como coisa consagrada. Se alguém quiser resgatar parte do dízimo, terá de acrescentar um quinto.

Os dízimos do gado graúdo e miúdo, cada décimo animal que passar sob o cajado do pastor, será consagrado ao Senhor. Não se olhará se é bom ou ruim, nem se trocará. Mas se for trocado ambos ficarão consagrados, tanto o animal novo como o que foi trocado, e não poderão ser resgatados.

Eclesiástico 35,4-13

Praticar a esmola é oferecer um sacrifício de louvor.

Afastar-se do mal, eis o que agrada ao Senhor;

o sacrifício de expiação consiste em fugir da injustiça.

Não te apresentes diante do Senhor de mãos vazias,

pois todos esses sacrifícios lhe são devidos por seu mandamento.

A oferenda do justo é uma oferenda de gordura sobre o altar, e seu perfume se eleva até o Altíssimo.

O sacrifício do justo é bem aceito, e seu memorial não será esquecido.

Glorifica o Senhor com generosidade
e não sejas mesquinho em oferecer-lhe as primícias de tuas mãos.
Em todas as ofertas mostra alegria no rosto
e consagra o dízimo com prazer.
Dá ao Altíssimo de acordo com o que te deu,
com generosidade, segundo tuas posses.
Pois o Senhor é alguém que retribui,
e retribuirá sete vezes mais.

O dízimo sem amor

Ide a Betel e pecai!
A Guilgal e multiplicai vossos pecados!
Pela manhã oferecei vossos sacrifícios
e ao terceiro dia os dízimos!

O dízimo para o templo

Malaquias 3,6-12

Sim, eu, o Senhor, não mudei, mas vós não deixastes de ser filhos de Jacó!

Desde o dia de vossos pais vos afastastes de meus preceitos e não os guardastes. Voltai a mim e eu voltarei a vós! – diz o Senhor Todo-poderoso.

Mas vós dizeis: "Como voltaremos?" Pode um homem enganar a Deus? Pois vós me enganais!

E dizeis: "Em que te enganamos?"

Em relação ao dízimo e à contribuição. Vós estais sob a maldição e continuais a me enganar, vós, o povo todo.

Trazei o dízimo integral para o tesouro a fim de que haja alimento em minha casa.

Provai-me nisto – diz o Senhor Todo-poderoso – para ver se eu não abrirei as janelas do céu e não derramarei sobre vós bênção em abundância.

Por vós mandarei ao gafanhoto, que não vos destrua os frutos do campo, para

que a vinha não fique estéril no campo –
diz o Senhor Todo-poderoso.

Todas as nações vos proclamarão felizes, porque sereis uma terra de delícias
– diz o Senhor Todo-poderoso.

Neemias 12,44

Naquele tempo as dependências, nas quais se depositavam as provisões, as ofertas, as primícias e os dízimos, foram confiadas aos cuidados de homens, que deviam recolher as contribuições provenientes dos campos anexos às cidades e destinadas legalmente aos sacerdotes e levitas. É que Judá se alegrava ao ver os sacerdotes e os levitas exercendo suas funções.

Deuteronômio 14,22-29

Porás à parte o dízimo de todo o fruto de tuas semeaduras, produzido pelo campo cada ano. Comerás na presença do Senhor teu Deus, no lugar que tiver escolhido para ali estabelecer seu nome, o dízimo do trigo, do vinho e do óleo, bem como os primogênitos do gado bovino e ovino, para aprenderes a temer sempre o Senhor teu Deus. Mas, se o caminho for longo demais, de modo que te seja impossível levá-los até lá, porque o lugar escolhido pelo Senhor para nele fixar seu nome é afastado demais e ele vos cumulou de muitos bens, venderás o dízimo e, levando o dinheiro em tuas mãos, irás ao lugar escolhido pelo Senhor teu Deus. Com o dinheiro comprarás o que desejares: bois, ovelhas, vinho ou outro licor fermentado, enfim tudo o que te agradar. Comerás lá na presença do Senhor, alegrando-te com a família. Mas não abandones o levita que mora na cidade, pois ele não tem parte nem herança como tu.

No fim de três anos, porás de lado todos os dízimos da colheita do ano, depositando-os dentro da cidade. E vindo o levita que não tem parte nem herança como tu, e o estrangeiro, o órfão e a viúva que estiverem em tua cidade, comerão à saciedade para que o Senhor teu Deus te abençoe em todas as tuas empresas.

Deuteronômio 26,1-13

Quando tiveres entrado na terra que o Senhor teu Deus te dá por herança e tomares posse, estabelecendo-te nela, tomarás das primícias de todos os frutos do solo, colhidos do país que o Senhor teu Deus tiver escolhido para nele estabelecer seu nome. Apresentar-te-ás ao sacerdote em exercício e lhes dirás: "Reconheço hoje perante o Senhor meu Deus, que entrei na terra que o Senhor jurou a nossos pais dar-nos". O sacerdote receberá de tua mão a cesta e a colocará diante do altar do Senhor teu Deus. E tomando novamente a palavra, dirás:

"Meu pai era um arameu errante que desceu ao Egito com um punhado de gente para morar lá como estrangeiro.

Mas ele se tornou um povo grande, forte e numeroso. Então os egípcios nos maltrataram e nos oprimiram, impondo-nos uma dura escravidão. E nós clamamos ao Senhor Deus de nossos pais, e o Senhor ouviu nossa voz e viu nossa opressão, nossa fadiga e nossa angústia; o Senhor nos libertou do Egito com mão poderosa e braço estendido, no meio de grande pavor de sinais e prodígios, e nos introduziu neste lugar, dando-nos esta terra, terra onde corre leite e mel. Agora, pois, trago os primeiros frutos da terra que o Senhor nos deu".

E assim os deixarás diante do Senhor teu Deus. Adorarás o Senhor teu Deus, alegrando-te com o levita e o estrangeiro que mora em teu meio, por todos os bens que o Senhor teu Deus te deu a ti e à tua família.

Quando tiveres acabado de separar o dízimo de todos os produtos no terceiro ano, que é o ano do dízimo, tu o colocarás à disposição do levita, do estrangeiro, do órfão e da viúva, para que tenham na cidade comida para saciarem-se. Dirás, então, perante o Senhor teu Deus: "Retirei de minha casa o que era consagrado e também dei ao levita, ao estrangeiro, ao órfão e à viúva, conforme o mandamento que me deste.

Não transgredi os mandamentos nem os esqueci".

Salmos 65(64),10-14

Tu cuidas da terra, irrigando-a
e enriquecendo-a copiosamente;
com as fontes divinas, cheias de água,
preparas seus trigais.
Assim a preparas:
regas seus sulcos, nivelas suas glebas,
com chuvas a amoleces, abençoas o
crescimento.
Coroas o ano com tuas dádivas,
e de tuas pegadas emana a fartura.
Da estepe germinam pastagens,
e as colinas se revestem de alegria.
Os prados revestem-se de rebanhos,
cobrem-se de trigais os vales;
exultam e cantam à porfia.

Números 18,26-28

"Fala aos levitas e dize-lhes: Quando receberdes dos israelitas o dízimo, que vos dou como herança, descontareis um tributo para o Senhor, correspondente à décima parte do dízimo. Será considerada como vosso tributo, como se fosse trigo tirado da eira ou vinho do lagar. Da mesma forma deveis descontar também vós o tributo do Senhor de todos os dízimos que receberdes dos israelitas. Esse tributo do Senhor dá-lo-eis ao sacerdote Aarão."

Deuteronômio 12,11-14

Então, ao lugar que o Senhor vosso Deus houver escolhido, a fim de nele estabelecer o seu nome, para lá é que levareis tudo que vos mando, os holocaustos, os sacrifícios, os dízimos, as contribuições pessoais e as ofertas escolhidas dos votos que tiverdes prometido ao Senhor. Lá vos alegrareis na presença do Senhor vosso Deus, com vossos filhos e vossas filhas, vossos escravos e escravas bem como o levita que estiver em vossas cidades, pois ele não recebeu nem parte nem herança junto convosco.

Guarda-te de oferecer holocaustos em qualquer lugar que avistares. Somente no lugar em que o Senhor tiver escolhido numa das tribos, é que haverás de oferecer teus sacrifícios e lá farás tudo que ordeno.

Tobias 1,6-7

Muitas vezes, eu sozinho ia a Jerusalém, por ocasião das festas, em obediência ao preceito eterno, imposto a todo o Israel. Acorria a Jerusalém com as primícias dos frutos e dos animais, com os dízimos dos rebanhos e a primeira tosquia das ovelhas. Entregava tudo aos sacerdotes, descendentes de Aarão, para o altar. Aos levitas, que desempenhavam suas funções em Jerusalém, entregava o dízimo do trigo, do vinho, do óleo, das romãs, do figo e dos outros frutos. Seis anos em seguida, oferecia, em dinheiro, o segundo dízimo, indo anualmente apresentá-lo em Jerusalém.

Êxodo 35,5-29

Fazei entre vós uma coleta para o Senhor. Quem for generoso levará uma oferenda ao Senhor: ouro, prata, bronze, púrpura violácea, vermelha e carmesim, linho fino, crinas de cabras, peles de carneiro tintas de vermelho, peles de golfinho, madeira de acácia, azeite de lâmpada, bálsamo para o óleo de unção e para o incenso aromático, pedras de ônix e pedras de engaste para o efod e o peitoral.

Todos os artesãos habilidosos venham para executar tudo o que o Senhor mandou: a morada com a tenda e a cobertura, as argolas, as tábuas, as travessas, as colunas e as bases, a arca com os varais, o propiciatório e o véu de proteção, a mesa com os varais e utensílios e os pães oferecidos, o candelabro da iluminação com os utensílios, as lâmpadas e o azeite de lâmpada; o altar do incenso e os varais; o óleo de unção e o incenso aromático; a cortina da porta de entrada da morada; o altar dos holocaustos, com a grelha de bronze, os varais e todos os utensílios; a bacia e o suporte; as cortinas de átrio, as colunas e respectivas bases e a cortina para a entrada do átrio; as estacas da morada e do átrio, e as cordas; as alfaias para o serviço do santuário, as vestes litúrgicas para o sacerdote Aarão, e as vestes dos filhos para as funções sacerdotais.

Então toda a comunidade dos israelitas se retirou da presença de Moisés. Em seguida vieram todos cujo coração os movia, e cujo ânimo os impelia, trazendo ofertas ao Senhor para as obras da tenda de reunião, para o culto em geral, e para as vestes litúrgicas. Vieram homens e mulheres, e todos generosamente traziam broches, brincos, anéis, colares e toda sorte de objetos de ouro, que cada um apresentava como oferta ao

Senhor. Todos quantos tinham consigo púrpura violácea, vermelha e carmesim, linho fino, crinas de cabra e peles de carneiro tintas de vermelho e peles de golfinho, trouxeram-nas. Os que desejavam fazer ofertas de prata ou de bronze, trouxeram-nas ao Senhor. O mesmo fizeram os que tinham madeira de acácia para as várias obras da construção.

Todas as mulheres que tinham habilidade para a tecelagem, teceram e trouxeram os tecidos: a púrpura violácea, vermelha e carmesim, e o linho fino. Todas as mulheres bem dispostas e dotadas para tanto, teceram crinas de cabra. Os chefes do povo trouxeram pedras de ônix e pedras de engaste para o efod e o peitoral, os perfumes e o azeite para o candelabro, para o óleo de unção e para o incenso aromático. Todos os israelitas, homens e mulheres, dispostos a contribuir para as obras que o Senhor tinha mandado executar por meio de Moisés, trouxeram ao Senhor contribuições espontâneas.

Deuteronômio 26,12-13

Quando tiveres acabado de separar o dízimo de todos os produtos no terceiro ano, que é o ano do dízimo, tu o colocarás à disposição do levita, do estrangeiro, do órfão e da viúva, para que tenham na cidade comida para saciarem-se. Dirás, então, perante o Senhor teu Deus: "Retirei de minha casa o que era consagrado e também dei ao levita, ao estrangeiro, ao órfão e à viúva, conforme o mandamento que me deste.

Não transgredi os mandamentos nem os esqueci".

Provérbios 11,24.26

Há quem reparta e ganhe ainda mais, outro poupa além da medida, e ainda empobrece.

O povo amaldiçoa a quem retém o trigo, mas há uma bênção sobre a cabeça de quem o vende.

Provérbios 3,9-10

Honra o Senhor com tuas riquezas, com as primícias dos teus rendimentos, e teus celeiros se encherão de trigo, os lagares transbordarão de mosto.

Provérbios 29,16-17

Quando os ímpios chegam ao poder, aumentam os crimes, mas os justos verão a queda deles. Corrige teu filho e dar-te-á descanso, proporcionando prazer à tua alma.

O que diz o Novo Testamento sobre o Dízimo

Frutos de conversão

Mateus 3,8-10

Dai, pois, frutos de verdadeira conversão. Não vos façais ilusões, dizendo dentro de vós mesmos: "Temos Abraão por pai". Pois eu vos digo que Deus pode fazer nascer destas pedras filhos de Abraão. O machado já está posto à raiz das árvores: toda árvore que não der bons frutos será cortada e lançada ao fogo.

A figueira sem frutos

Mateus 21,19

E, vendo uma figueira perto do caminho, dirigiu-se para ela; entretanto não achou mais do que folhas, e lhe disse: "Jamais nasça fruto de ti".

O dízimo da viúva pobre

Lucas 21,1-4

Levantando os olhos, viu Jesus os ricos depositando esmola no cofre do Templo. Viu também uma viúva pobre que depositava duas pequeninas moedas, e comentou: "Em verdade vos digo, esta pobre viúva deu mais do que todos, pois todos estes deram, para as oferendas de Deus, do que lhes sobrava, ao passo que ela, com sua indigência, deu tudo que tinha para o sustento".

A avareza

Lucas 12,16-21

E lhes propôs uma parábola: "Havia um homem rico, cujas terras lhe deram grande colheita. E pensava consigo mesmo: 'O que vou fazer? Não tenho onde guardar a colheita!' Disse então: 'Já sei o que fazer; vou derrubar os celeiros para fazê-los maiores e guardar ali todo o trigo e os meus bens. E direi à minha vida: tens muitos bens armazenados para muitos anos. Descansa, come, bebe, regala-te'. Deus, porém, lhe disse: 'Insensato! Ainda nesta mesma noite tirarão a tua vida, e para quem ficará tudo que acumulaste?' É o que acontecerá com quem guarda tesouros para si e não é rico diante de Deus".

Distribuição entre os necessitados

Atos 2,42-47

Frequentavam com assiduidade a doutrina dos apóstolos, as reuniões em comum, o partir do pão e as orações. De todos apoderou-se o medo à vista dos muitos prodígios e sinais que faziam os apóstolos. E todos que tinham fé viviam unidos, tendo todos os bens em comum. Vendiam as propriedades e os bens e dividiam com todos, segundo a necessidade de cada um. Todos os dias se reuniam unânimes no Templo. Partiam o pão nas casas e comiam com alegria e simplicidade de coração, louvando a Deus entre a simpatia de todo o povo. Cada dia o Senhor lhes ajuntava outros a caminho da salvação.

Colhemos o que semeamos

2Coríntios 9,6-12

Convém lembrar: quem pouco semeia, pouco também colhe. Quem semeia com largueza, colhe com largueza. Cada um dê, segundo se propôs em seu coração, não de má vontade nem constrangido, pois Deus ama a quem dá com alegria. E poderoso é Deus para vos cumular de todo gênero de bens, a fim de que, tendo sempre e em tudo o necessário, ainda vos sobre muito para toda sorte de boas obras, segundo está escrito: "Repartiu largamente, deu aos pobres; a sua justiça permanecerá para sempre".

Quem dá ao semeador a semente e o pão para comer, vos dará ricas plantações e multiplicará os frutos da vossa justiça. Assim enriquecidos de todas as coisas, podereis exercer toda espécie de generosidade que por vosso intermédio resultará em ação de graças a Deus. Realmente o ministério desta obra santa não somente provê às necessidades dos santos, como faz também transbordar uma abundante ação de graças a Deus.

Lucas 16,10-11

Aquele que é fiel no pouco, também o é no muito, e quem no pouco for infiel, também o será no muito. Se, pois, não fordes fiéis nas riquezas injustas, quem vos confiará as verdadeiras riquezas?

Hebreus 7,4-5

Considerai, pois, a grandeza daquele a quem até o patriarca Abraão deu o dízimo de seus espólios mais ricos. Os filhos de Levi revestidos do sacerdócio, na qualidade de filhos de Abraão, têm por missão receber o dízimo legal do povo, isto é, de seus irmãos.

Mateus 22,15-21

Então se retiraram os fariseus e convocaram um conselho para ver como o poderiam pegar em alguma palavra. Enviaram-lhe discípulos com os herodianos para lhe dizer: "Mestre, sabemos que és sincero, pois com franqueza ensinas o caminho de Deus sem te preocupares com ninguém e sem consideração de pessoas. Dize-nos, pois, tua opinião: é lícito pagar imposto a César ou não?" Jesus, conhecendo-lhes a malícia, falou: "Por que me experimentais, hipócritas? Mostrai-me a moeda do imposto". Eles apresentaram um denário. E Jesus lhes perguntou: "De quem é essa imagem e inscrição?" Responderam eles: "De César!" Disse-lhes, então: "Pois dai a César o que é de César e a Deus o que é de Deus".

Mateus 23,23

Ai de vós, escribas e fariseus hipócritas, que pagais o dízimo da hortelã, e da erva-doce e do cominho mas não vos preocupais do mais importante da Lei: a justiça, a misericórdia e a fidelidade! É isso o que importa fazer sem contudo omitir aquilo.

Lucas 11,42

Ai de vós, fariseus, que gostais das primeiras cadeiras nas sinagogas e das saudações nas praças públicas!

O que diz a Bíblia sobre as Ofertas no Antigo Testamento

Ageu 1,9

Esperastes muito e eis que veio pouco.

O que trazíeis para casa eu soprava. Por que isto ? – oráculo do Senhor Todo-poderoso.

Por causa de minha casa que está em ruínas, enquanto vós correis cada um para a própria casa.

1Reis 17,16

A vasilha de farinha não se acabou e o jarro de azeite não se esvaziou, como o Senhor tinha falado por intermédio de Elias.

Êxodo 25,1-2s

O Senhor falou a Moisés: "Dize aos israelitas que ajuntem ofertas para mim. Recebereis a oferta de todos os que me derem espontaneamente".

1Crônicas 29,16-17

Senhor nosso Deus, toda esta abundância de coisas que juntamos para construir um templo, no qual será invocado teu santo nome, tudo isto vem de ti e te pertence.

Eu sei, meu Deus, que tu examinas os corações e gostas da sinceridade; pois foi de coração sincero que dei todas estas coisas. E quanto ao povo que se reuniu aqui, observei com quanta alegria te fez as doações.

Deuteronômio 24,19-21

Se, ao fazer a colheita em teu campo, esqueceres um feixe de trigo, não voltes para buscá-lo. Deixa-o para o estrangeiro, para o órfão e a viúva, a fim de que o Senhor teu Deus te abençoe em todo o trabalho de tuas mãos.

Quando sacudires as tuas oliveiras, não deves catar o que sobrou. Deixa-o para o estrangeiro, para o órfão c para a viúva.

Quando vindimares a tua vinha, não deves catar os grãos que sobraram. Deixa-os para o estrangeiro, o órfão e a viúva.

Êxodo 35,4-9s

Moisés falou a toda a comunidade dos israelitas e lhes disse: "Foi isto o que o Senhor mandou: Fazei entre vós uma coleta para o Senhor. Quem for generoso levará uma oferenda ao Senhor: ouro, prata, bronze, púrpura violácea, vermelha e carmesim, linho fino, crinas de cabra, peles de golfinho, madeira de acácia, azeite de lâmpada, bálsamo para o óleo de unção e para o incenso aromático, pedras de ônix e pedras de engaste para o efod e o peitoral".

Neemias 10,33-34

Assumimos a obrigação de contribuir cada ano com um terço de siclo para o serviço na casa de nosso Deus, isto é, para os pães sagrados, para os sacrifícios diários de alimentos e animais, os sacrifícios regulares dos sábados, das luas novas, das festividades, bem como para os sacrifícios pacíficos, os sacrifícios de expiação dos pecados de Israel, e para qualquer outro serviço, na casa de nosso Deus.

Levítico 19,9-10

Quando fizerdes a colheita no vosso país, não devereis ceifar até o último limite do campo, nem catar as espigas que restaram.

Não cates os últimos grãos da vinha, nem ajuntes as uvas caídas. Deverás deixar para o pobre e o estrangeiro. Eu sou o Senhor vosso Deus.

Deuteronômio 16,10.15-17

Celebrarás então a festa das Semanas em honra ao Senhor teu Deus, com ofertas espontâneas que farás na medida em que o Senhor teu Deus te houver abençoado.

Durante sete dias celebrarás a festa em honra do Senhor teu Deus, no lugar que tiver escolhido. É que o Senhor teu Deus te abençoou em todas tuas colheitas e em todo trabalho de tuas mãos; por isso te entregarás completamente à alegria.

Três vezes ao ano, todos os teus homens deverão apresentar-se perante o Senhor teu Deus, no lugar que ele tiver escolhido: na festa dos Ázimos, na festa das Semanas e na festa dos Tabernáculos. Ninguém aparecerá perante o Senhor de mãos vazias mas cada qual fará suas ofertas conforme as bênçãos que o Senhor teu Deus lhe houver concedido.

Provérbios 11,24-26

Há quem reparta e ganhe ainda mais, outro poupa além da medida, e ainda empobrece.

Uma alma generosa engorda, e quem rega também será regado.

O povo amaldiçoa a quem retém o trigo, mas há uma bênção sobre a cabeça de quem o vende.

1Crônicas 29,9

O povo se alegrava com essa generosidade, pois as doações foram feitas ao Senhor com sinceridade de coração. Igualmente o rei Davi ficou imensamente satisfeito.

Gênesis 4,3-5

Aconteceu, tempos depois, que Caim apresentou ao Senhor frutos da terra como oferta. Abel, por sua vez, ofereceu os primeiros cordeirinhos e a gordura das ovelhas. E o Senhor olhou para Abel e sua oferta, mas não deu atenção a Caim e sua oferta. Caim se enfureceu e ficou com o rosto abatido.

Gênesis 12,7-8

O Senhor apareceu a Abrão e lhe disse: "À tua descendência darei esta terra. Abrão ergueu ali um altar ao Senhor, que lhe tinha aparecido. De lá se deslocou em direção ao monte que está ao leste de Betel, e ali armou as tendas, tendo Betel ao ocidente e Hai ao oriente. Construiu ali um altar ao Senhor e invocou o nome do Senhor".

Êxodo 36,5-7

"O povo traz muito mais que o necessário para executar a construção que o Senhor mandou fazer." Então Moisés mandou que se publicasse no acampamento a seguinte ordem: "Ninguém mais, nem homem nem mulher, promova campanhas para a coleta do santuário". E o povo deixou de trazer ofertas. O material já era suficiente para todos os trabalhos que se deviam executar, e até sobrava.

Provérbios 3,9-10

Honra o Senhor com tuas riquezas, com as primícias dos teus rendimentos, e teus celeiros se encherão de trigo, os lagares transbordarão de mosto.

Gênesis 8,20

Noé construiu um altar para o Senhor, tomou animais e aves de todas as espécies puras e ofereceu holocaustos sobre o altar.

Provérbios 29,16-17

Quando os ímpios chegam ao poder, aumentam os crimes, mas os justos verão a queda deles. Corrige teu filho e dar-te-á descanso, proporcionando prazer à tua alma.

O que
diz a Bíblia
sobre as Ofertas
no Novo
Testamento

Lucas 21,1-4

Levantando os olhos, viu Jesus os ricos depositando esmola no cofre do Templo. Viu também uma viúva pobre que depositava duas pequeninas moedas, e comentou: "Em verdade vos digo, esta pobre viúva deu mais do que todos, pois todos estes deram, para as oferendas de Deus, do que lhes sobrava, ao passo que ela, com sua indigência, deu tudo que tinha para o sustento".

Lucas 19,8-10

Zaqueu entretanto, de pé, disse ao Senhor: "Senhor, dou a metade dos bens aos pobres e, se em alguma coisa prejudiquei alguém, restituo quatro vezes mais". Disse-lhe Jesus: "Hoje a salvação entrou nesta casa porquanto também este é o filho de Abraão.

Pois o Filho do homem veio procurar e salvar o que estava perdido".

Atos 2,44-45

E todos que tinham fé viviam unidos, tendo todos os bens em comum. Vendiam as propriedades e os bens e dividiam com todos, segundo a necessidade de cada um.

Lucas 19,8

Zaqueu entretanto, de pé, disse ao Senhor: "Senhor, dou a metade dos bens aos pobres e, se em alguma coisa prejudiquei alguém, restituo quatro vezes mais".

1Timóteo 6,10

Porque a raiz de todos os males é a cobiça do dinheiro. Por se terem deixado levar por ela, muitos se extraviaram da fé e se atormentam a si mesmos com muitos sofrimentos.

Atos 4,35

Os proprietários de campos ou casas vendiam e iam depositar o preço do vendido aos pés dos apóstolos. Repartia-se, então, a cada um segundo sua necessidade.

Mateus 6,3

"Mas quando deres esmola, não saiba a mão esquerda o que faz a direita."

2Coríntios 9,7-13

Cada um dê, segundo se propôs em seu coração, não de má vontade nem constrangido, pois Deus ama a quem dá com alegria. E poderoso é Deus para vos cumular de todo gênero de bens, a fim de que, tendo sempre e em tudo o necessário, ainda vos sobre muito para toda sorte de boas obras, segundo está escrito: Repartiu largamente, deu aos pobres; a sua justiça permanecerá para sempre.

Quem dá ao semeador a semente e o pão para comer, vos dará ricas plantações e multiplicará os frutos de vossa justiça. Assim enriquecidos de todas as coisas, podereis exercer toda espécie de generosidade que por vosso intermédio resultará em ação de graças a Deus. Realmente o ministério desta obra santa não somente provê às necessidades dos santos, como faz também transbordar uma abundante ação de graças a Deus. Pois, reconhecendo este ministério, glorificarão a Deus pela vossa obediência na profissão do Evangelho de Cristo e pela sinceridade de vossa comunhão com eles e com todos.

{ Lucas 6,38 }

Dai, e vos será dado: uma medida boa, apertada, sacudida, trasbordante vos será colocada no regaço. Pois a medida com que medirdes, será usada para medir-vos.

Atos 4,36-37

José, chamado pelos apóstolos de Barnabé, que significa filho da consolação, levita e natural de Chipre, possuía um campo. Vendeu e foi depositar o dinheiro aos pés dos apóstolos.

1Coríntios 9,11

Se semeamos em vós bens espirituais, será demais que recolhamos bens materiais?

2Coríntios 8,1-3

Também quero, irmãos, fazer-vos conhecer a graça de Deus dada às igrejas da Macedônia. Provadas com tantas tribulações, transbordaram de alegria e a extrema pobreza se converteu na riqueza de sua generosidade. Dou testemunho de que segundo suas possibilidades, e mesmo além delas, contribuíram por iniciativa própria.

1Coríntios 9,4-14

Acaso não temos o direito de comer e de beber? Não temos o direito de fazer-nos acompanhar por uma mulher irmã, do mesmo modo que os demais apóstolos e os irmãos do Senhor e Cefas? Ou acaso somente eu e Barnabé estamos obrigados a viver do nosso trabalho? Quem pagou alguma vez para servir no exército? Quem planta uma vinha e não come do seu fruto? Quem apascenta um rebanho e não toma do seu leite?

E isto não só segundo o comum sentir dos homens; a própria Lei também o diz. Porque na Lei de Moisés está escrito: "Não atarás a boca ao boi que debulha. Será que Deus se preocupa com os bois? Não é, antes, para nós que ele o diz? Para nós, sem dúvida, se escreveu que o lavrador deve lavrar esperando os frutos, e o que debulha, o faça com a esperança de ter parte. Se semeamos em vós bens espirituais, será demais que recolhamos bens materiais?

Se outros têm direito de participar dos vossos bens, mais não o teremos nós?

Porém não temos feito uso deste nosso direito; antes, temos suportado todo gênero de privações para não pôr obstáculo algum ao Evangelho de Cristo. Não sabeis que os que exercem as funções sagradas vivem do santuário, e os que servem ao altar do altar participam? Pois assim ordenou o Senhor aos que anunciam o Evangelho: que vivam do Evangelho".

1 Coríntios 16,2

No primeiro dia da semana, ponha cada um de parte em sua casa o que bem lhe parecer, de modo que não se façam as coletas depois de eu chegar.

A marca FSC® é a garantia de que a madeira utilizada na fabricação do papel deste livro provém de florestas que foram gerenciadas de maneira ambientalmente correta, socialmente justa e economicamente viável.

Este livro foi composto com as famílias tipográficas Times e Times New Roman e impresso em papel Offset 75g/m² pela Gráfica Santuário.